Impressum
Verlag: BABADADA GmbH, Nedderfeld 112 , 22529 Hamburg
Geschäftsführer / Verlagsleitung: Harald Hof
Druck: Books on Demand GmbH, In de Tarpen 42, 22848 Norderstedt

Imprint
Publisher: BABADADA GmbH, Nedderfeld 112 , 22529 Hamburg, Germany
Managing Director / Publishing direction: Harald Hof
Print: Books on Demand GmbH, In de Tarpen 42, 22848 Norderstedt

skole
school

klasseværelse
classroom

dividere
divide

`186/2`

tavle
board

skolegård
school yard

lærer
teacher

papir
paper

skrive
write

pen
pen

skrivebord
desk

lineal
ruler

bog
book

elev
pupil

skoletaske

satchel

penalhus

pencil case

blyant

pencil

blyantspidser

pencil sharpener

viskelæder

rubber

tegneblok

drawing pad

tegning

drawing

pensel

paintbrush

æske med vandfarver

paint box

saks

scissors

lim

glue

opgavehefte

exercise book

lektie

homework

tal

number

addere

add

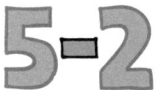

subtrahere

subtract

multiplicere

multiply

regne

calculate

bogstav

letter

alfabet

alphabet

ord

word

tekst

text

læse

read

kridt

chalk

time

lesson

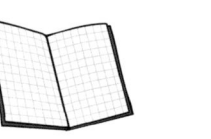

klasseprotokol

register

eksamen

exam

karakterbog

certificate

skoleuniform

school uniform

uddannelse

education

leksikon

encyclopedia

universitet

university

mikroskop

microscope

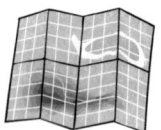

kort

map

papirkurv

waste-paper basket

rejse
travel

Grand
hotel
hotel
herberg
hostel
ROOMS
vekselkontor
bureau de change
kuffert
suitcase
bil
car

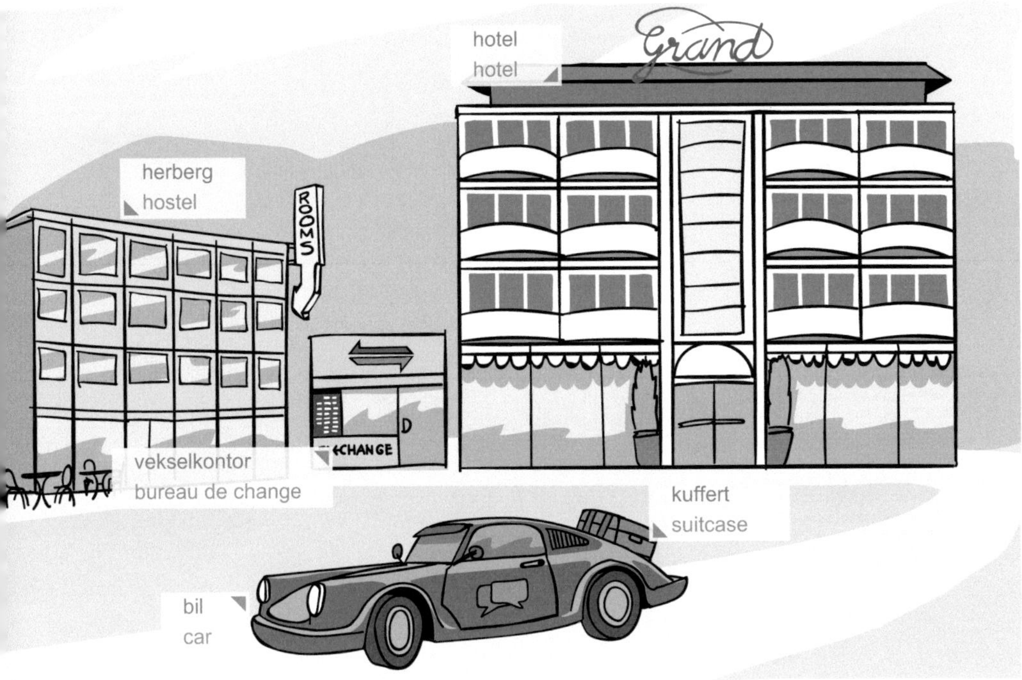

sprog

language

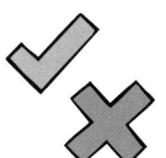

ja / nej

yes / no

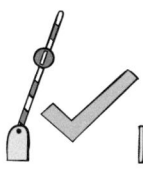

okay

Okay

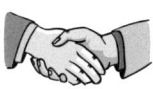

hej

hello

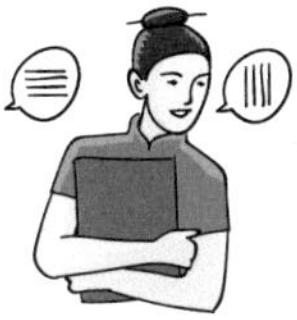

oversætter

translator

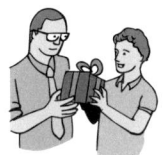

tak

Thank you

hvad koster…?

how much is…?

Jeg forstår ikke

I do not understand

problem

problem

God aften!

Good evening!

God morgen!

Good morning!

God nat!

Good night!

farvel

bye bye

retning

direction

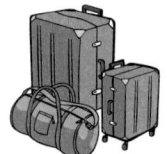

bagage

luggage

taske

bag

rygsæk

backpack

gæst

guest

værelse

room

sovepose

sleeping bag

telt

tent

turistinformation

tourist information

strand

beach

kreditkort

credit card

morgenmad

breakfast

middagsmad

lunch

aftensmad

dinner

billet

ticket

elevator

lift

frimærke

stamp

grænse

border

told

customs

ambassade

embassy

visum

visa

pas

passport

transport
transport

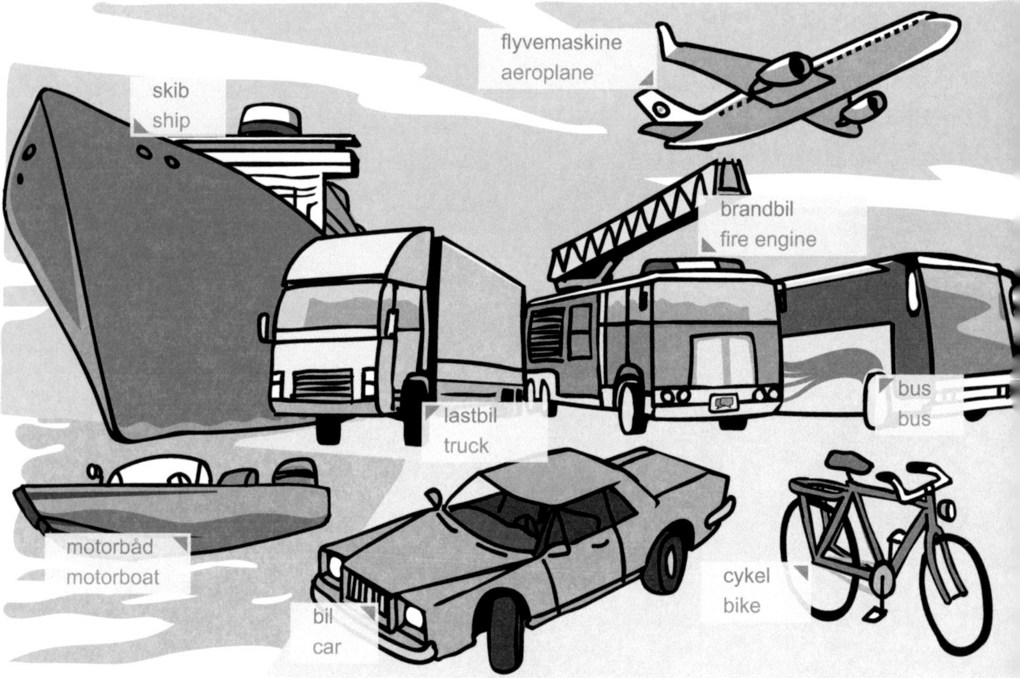
flyvemaskine
aeroplane
skib
ship
brandbil
fire engine
bus
bus
lastbil
truck
motorbåd
motorboat
cykel
bike
bil
car

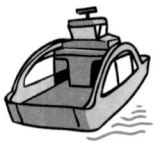

færge

ferry

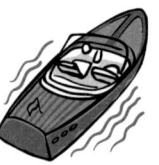

båd

boat

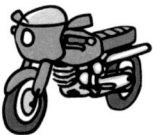

motorcykel

motorbike

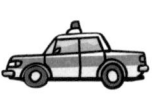

politibil

police car

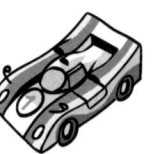

racerbil

racing car

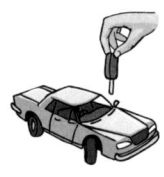

lejebil

rental car

samkørsel

car sharing

kranbil

breakdown truck

skraldebil

refuse truck

motor

motor

benzin

fuel

tankstation

petrol station

trafikskilt

traffic sign

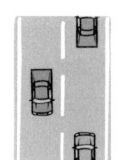

trafik

traffic

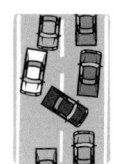

trafikprop

traffic jam

parkeringsplads

car park

banegård

train station

skinner

tracks

tog

train

sporvogn

tram

wagon

carriage

helikopter

helicopter

lufthavn

airport

tårn

tower

passager

passenger

container

container

karton

carton

kærre

cart

kurv

basket

starte / lande

take off / land

by
city

landsby

village

bymidte

city centre

hus

house

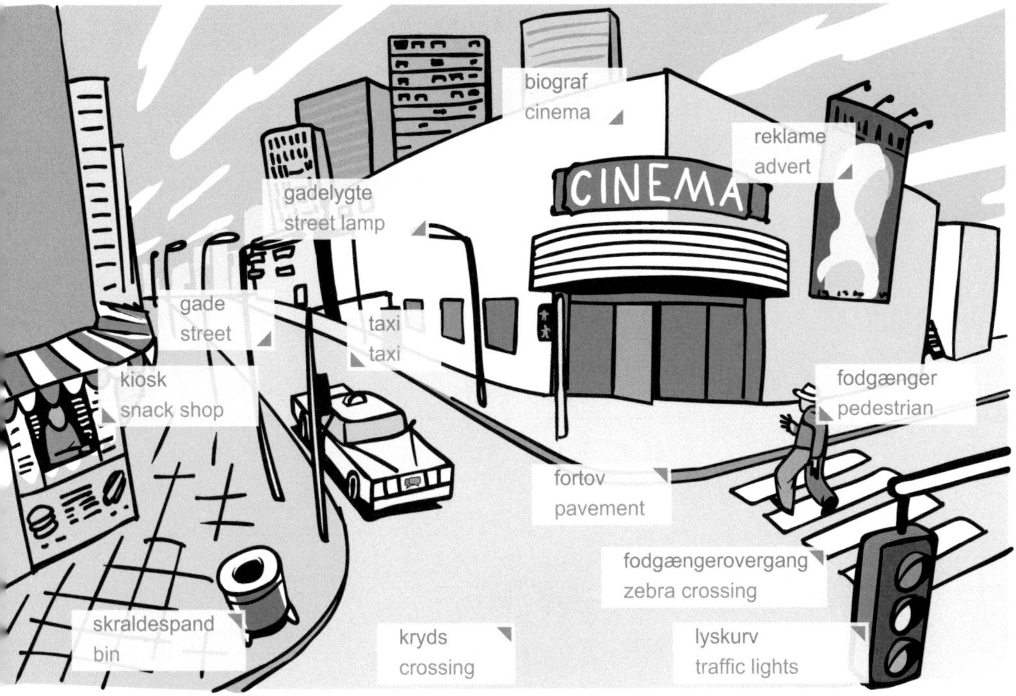

biograf
cinema

reklame
advert

gadelygte
street lamp

gade
street

taxi
taxi

kiosk
snack shop

fodgænger
pedestrian

fortov
pavement

fodgængerovergang
zebra crossing

skraldespand
bin

kryds
crossing

lyskurv
traffic lights

hytte
hut

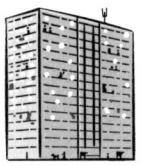

lejlighed
flat

banegård
train station

rådhus
town hall

museum
museum

skole
school

by - city

universitet
university

bank
bank

sygehus
hospital

hotel
hotel

apotek
pharmacy

kontor
office

boghandel
book shop

butik
shop

blomsterbutik
florist's

supermarked
supermarket

marked
market

stormagasin
department store

fiskehandler
fishmonger's

butikscenter
shopping centre

havn
harbour

park

park

bænk

bench

bro

bridge

trappe

stairs

undergrundsbane

underground

tunnel

tunnel

busstoppested

bus stop

barnevogn

bar

restaurant

restaurant

postkasse

postbox

vejskilt

street sign

parkometer

parking meter

zoo

zoo

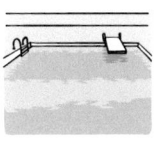

badeanstalt

swimming pool

moske

mosque

bondegård
farm

miljøforurening
pollution

kirkegård
graveyard

kirke
church

legeplads
playground

tempel
temple

landskab
landscape

blad
leaf

vejviser
signpost

vej
way

eng
meadow

sten
stone

vandrer
hiker

træ
tree

flod
river

græs
grass

blomst
flower

dal
valley

bjerg
hill

sø
lake

skov
forest

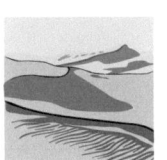

ørken
desert

vulkan
volcano

slot
castle

regnbue
rainbow

svamp
mushroom

palme
palm tree

moskito
mosquito

flue
fly

myre
ant

bi
bee

edderkop
spider

bille

beetle

frø

frog

egern

squirrel

pindsvin

hedgehog

hare

hare

ugle

owl

fugl

bird

svane

swan

vildsvin

boar

hjort

deer

elg

moose

dæmning

dam

vindmølle

wind turbine

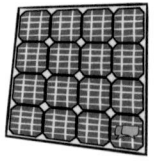

solcellemodul

solar panel

klima

climate

restaurant

restaurant

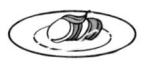

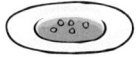

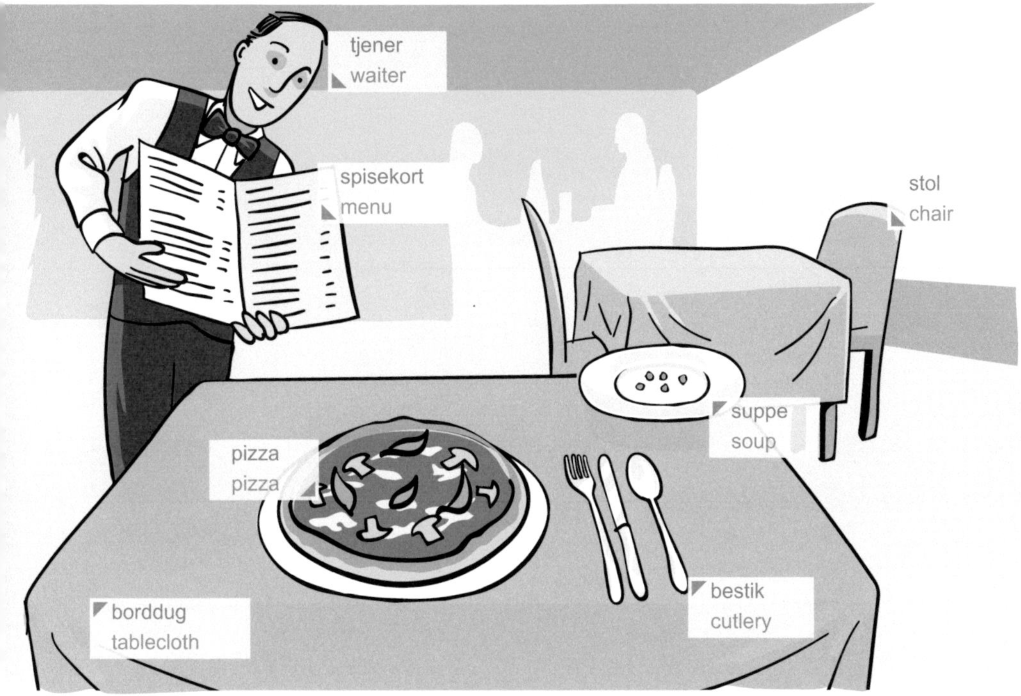
tjener
waiter
spisekort
menu
stol
chair
suppe
soup
pizza
pizza
bestik
cutlery
borddug
tablecloth

forret
starter

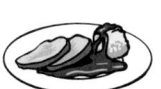

hovedret
main course

dessert
dessert

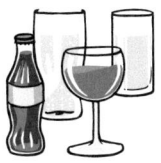

drikkevarer
drinks

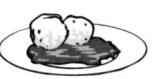

mad
food

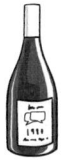

flaske
bottle

fastfood

fast food

streetfood

street food

tekande

teapot

sukkerdåse

sugar bowl

portion

portion

espressomaskine

espresso machine

barnestol

high chair

faktura

bill

tablet

tray

kniv

knife

gaffel

fork

ske

spoon

teske

teaspoon

serviet

serviette

glas

glass

tallerken

plate

dyb tallerken

soup plate

underkop

saucer

sovs

sauce

saltbøsse

salt pot

peberkværn

pepper mill

eddike

vinegar

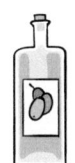

olie

oil

krydderier

spices

ketchup

ketchup

sennep

mustard

mayonnaise

mayonnaise

supermarked
supermarket

tilbud
special offer
FOR
kunde
customer
mælkeprodukter
dairy
frugt
fruit
indkøbsvogn
trolley

BUTCHERS

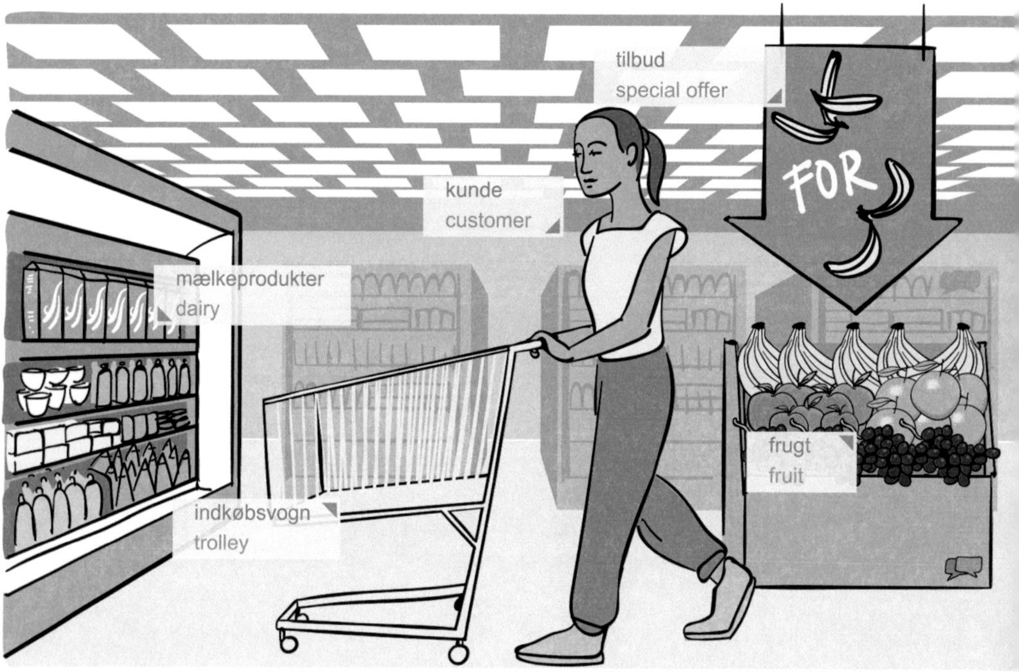

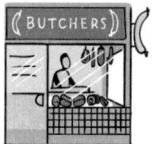

slagter
butcher´s

BAKERY

bageri
baker´s

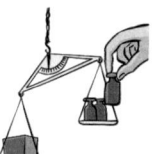

veje
weigh

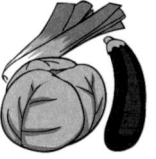

grøntsager
vegetables

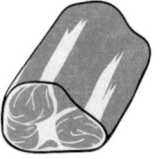

kød
meat

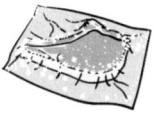

frostvarer
frozen food

pålæg

cold meat

konserves

tinned food

vaskemiddel

washing powder

slik

sweets

husholdningsvarer

household products

rengøringsmidler

cleaning products

ekspedient

salesperson

kasse

till

kasserer

cashier

indkøbsliste

shopping list

åbningstider

opening hours

tegnebog

wallet

kreditkort

credit card

taske

bag

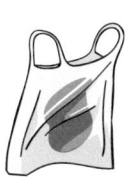

plasticpose

plastic bag

vand

water

saft

juice

mælk

milk

cola

coke

vin

wine

øl

beer

alkohol

alcohol

kakao

cocoa

te

tea

kaffe

coffee

espresso

espresso

cappuccino

cappuccino

banan

banana

æble

apple

appelsin

orange

melon

melon

citron

lemon

gulerod

carrot

hvidløg

garlic

bambus

bamboo

løg

onion

svamp

mushroom

nødder

nuts

nudler

noodles

spaghetti

spaghetti

ris

rice

salat

salad

pomfritter

chips

stegte kartofler

fried potatoes

pizza

pizza

hamburger

hamburger

sandwich

sandwich

schnitzel

cutlet

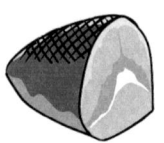

skinke

ham

salami

salami

pølse

sausage

kylling

chicken

steg

roast

fisk

fish

havregryn

porridge oats

mysli

muesli

cornflakes

cornflakes

mel

flour

croissant

croissant

rundstykke

bread roll

brød

bread

toast

toast

kiks

biscuits

smør

butter

kvark

curd

kage

cake

æg

egg

spejlæg

fried egg

ost

cheese

is
ice cream

sukker
sugar

honning
honey

marmelade
jam

nougat-creme
chocolate spread

karry
curry

bondegård

farm

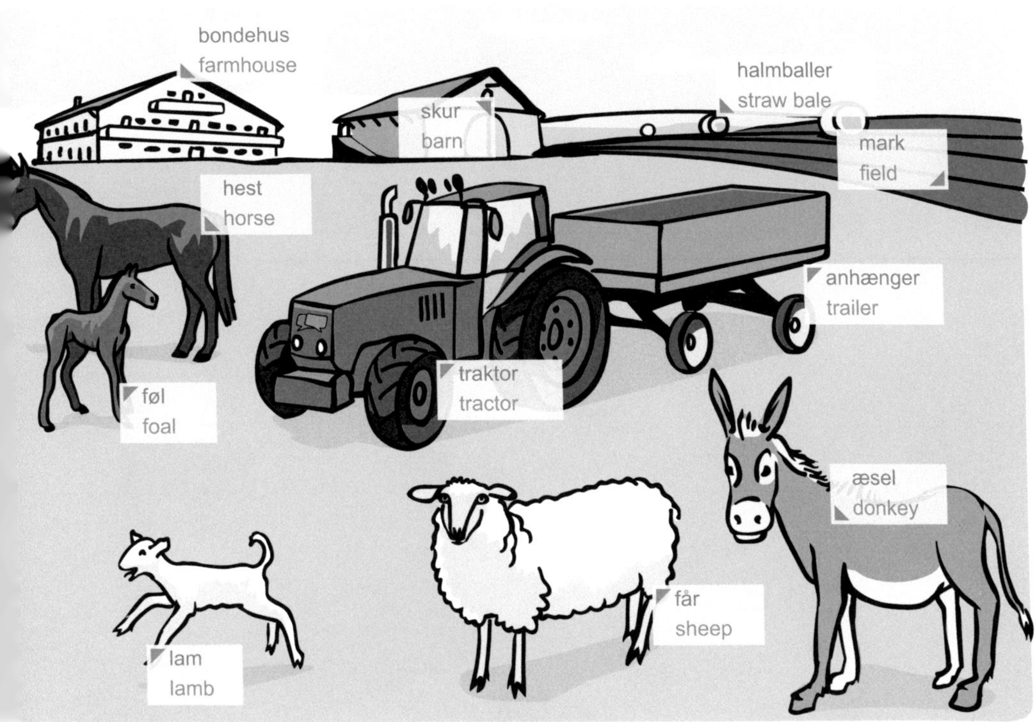

bondehus
farmhouse
skur
barn
halmballer
straw bale
mark
field
hest
horse
anhænger
trailer
traktor
tractor
føl
foal
æsel
donkey
får
sheep
lam
lamb

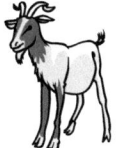

ged

goat

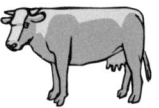

ko

cow

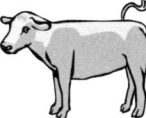

kalv

calf

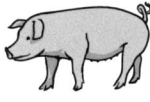

svin

pig

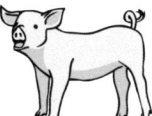

gris

piglet

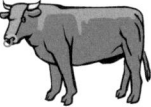

tyr

bull

gås

goose

and

duck

kylling

chick

høne

hen

hane

cock

rotte

rat

kat

cat

mus

mouse

okse

ox

hund

dog

hundehus

doghouse

haveslange

garden hose

vandkande

watering can

le

scythe

plov

plough

segl

sickle

hakkejern

hoe

møggreb

pitchfork

økse

axe

trillebør

wheelbarrow

trug

trough

mælkekande

milk can

sæk

sack

hæk

fence

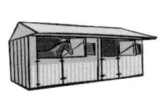

stald

stable

drivhus

greenhouse

jord

soil

frø

seed

gødning

fertilizer

mejetærsker

combine harvester

høste

harvest

høst

harvest

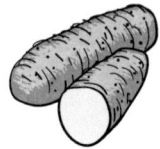

yams

yams

hvede

wheat

soja

soy

kartoffel

potato

majs

corn

raps

rapeseed

frugttræ

fruit tree

maniok

cassava

korn

cereals

hus
house

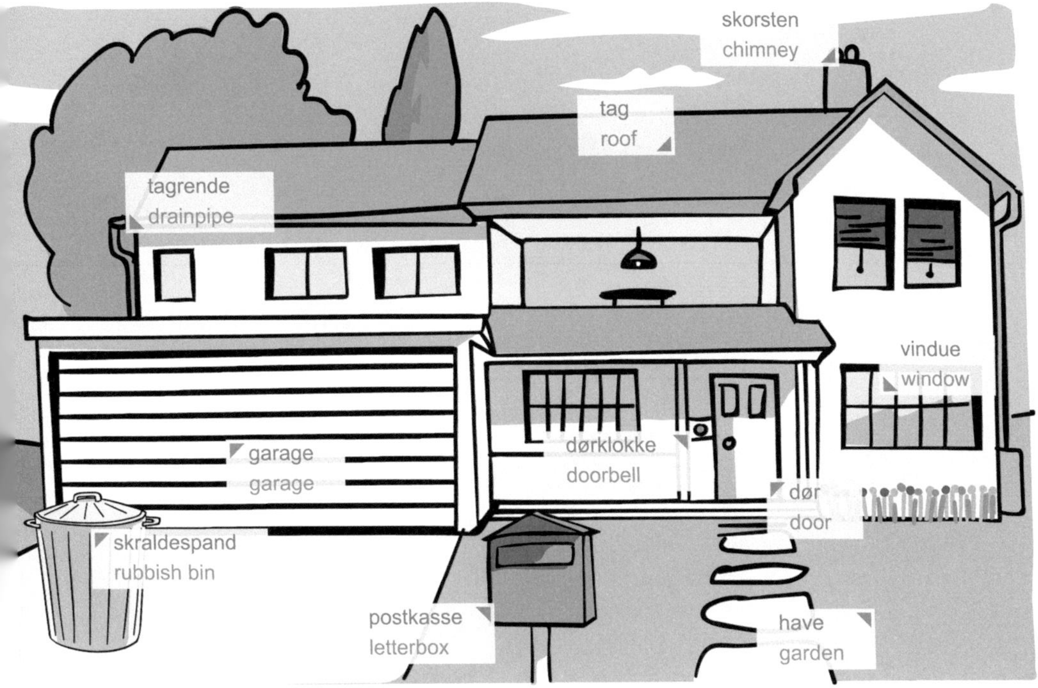
skorsten
chimney
tag
roof
tagrende
drainpipe
vindue
window
dørklokke
doorbell
garage
garage
dør
door
skraldespand
rubbish bin
postkasse
letterbox
have
garden

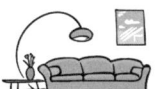

stue
living room

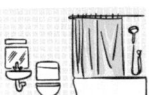

badeværelse
bathroom

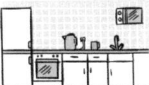

køkken
kitchen

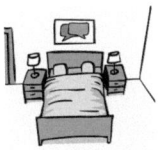

soveværelse
bedroom

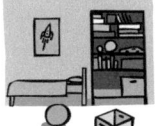

børneværelse
child's room

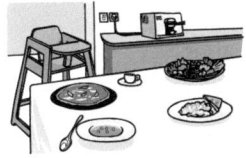

spisestue
dining room

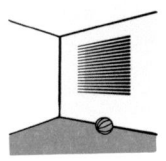

gulv
floor

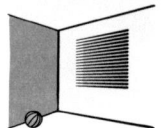

væg
wall

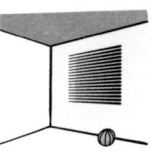

loft
ceiling

kælder
cellar

sauna
sauna

altan
balcony

terrasse
terrace

svømmehal
pool

plæneklipper
lawn mower

dynebetræk
sheet

dyne
bedspread

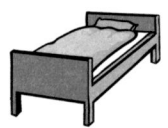

seng
bed

kost
broom

spand
bucket

kontakt
switch

living room

tapet
wallpaper
billede
picture
lampe
lamp
reol
shelf
skab
cupboard
fjernsyn
television
pejs
fireplace
blomst
flower
pude
cushion
sofa
sofa
vase
vase
fjernbetjening
remote control

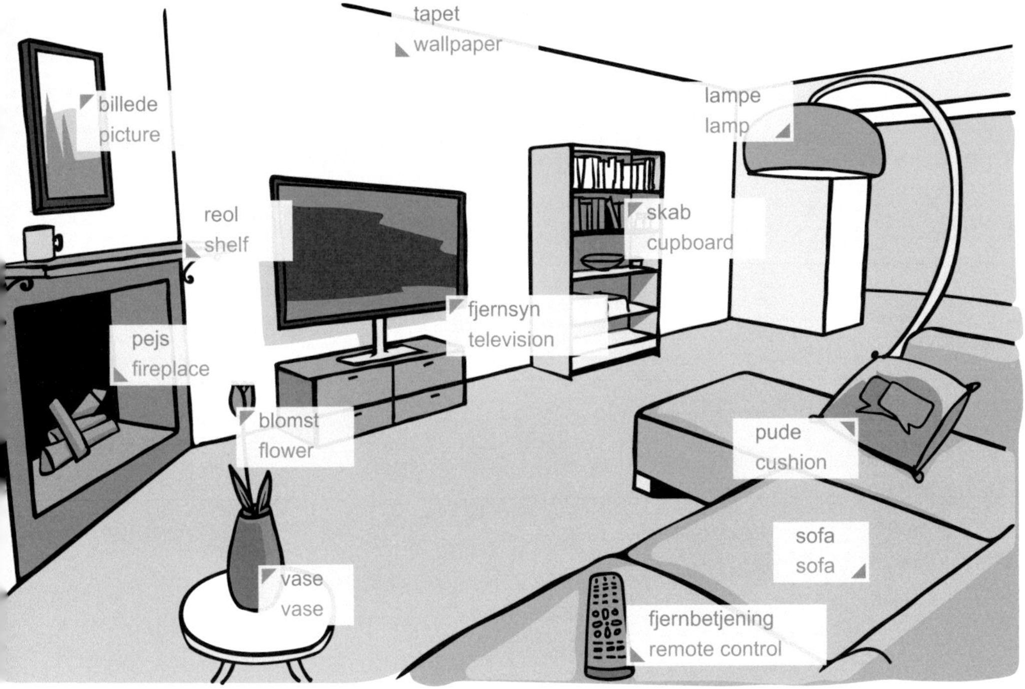

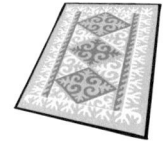

gulvtæppe

carpet

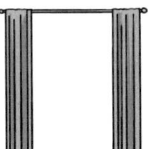

gardin

curtain

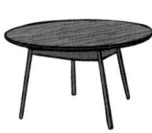

bord

table

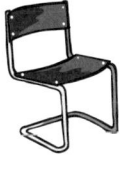

stol

chair

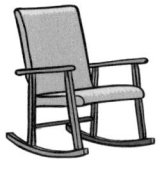

gyngestol

rocking chair

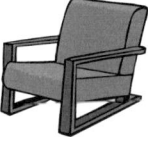

lænestol

armchair

bog

book

tæppe

blanket

dekoration

decoration

brænde

firewood

film

film

stereoanlæg

hi-fi equipment

nøgle

key

avis

newspaper

maleri

painting

plakat

poster

radio

radio

notesblok

notepad

støvsuger

hoover

kaktus

cactus

lys

candle

køkken
kitchen

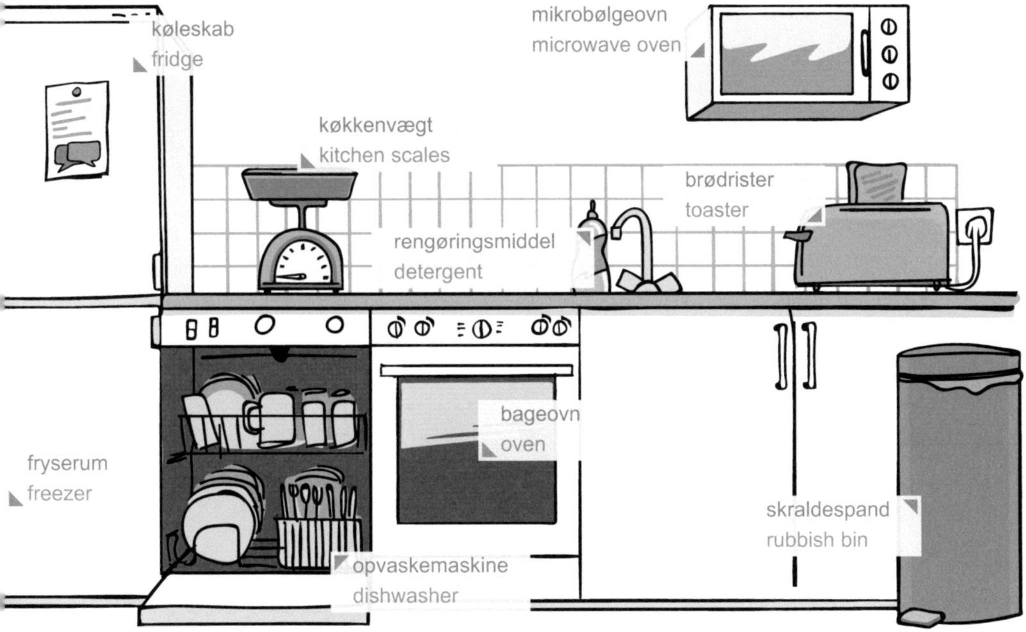

køleskab
fridge
mikrobølgeovn
microwave oven
køkkenvægt
kitchen scales
brødrister
toaster
rengøringsmiddel
detergent
bageovn
oven
fryserum
freezer
skraldespand
rubbish bin
opvaskemaskine
dishwasher

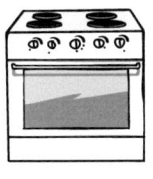

komfur

cooker

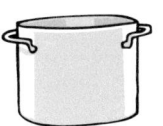

gryde

pot

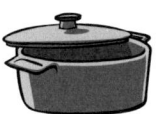

jerngryde

cast-iron pot

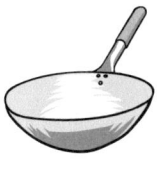

wok / kadai

wok / kadai

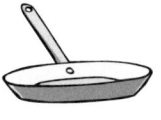

pande

pan

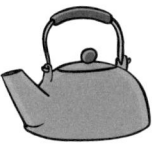

elkedel

kettle

dampkoger

steamer

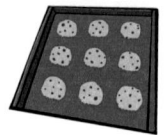

bageplade

baking tray

service

crockery

bæger

mug

skål

bowl

spisepinde

chopsticks

øseske

ladle

paletkniv

spatula

piskeris

whisk

dørslag

strainer

si

sieve

rive

grater

morter

mortar

grille

barbecue

ildsted

open fire

skærebræt

chopping board

kagerulle

rolling pin

proptrækker

corkscrew

dåse

can

dåseåbner

can opener

grydelap

pot holder

køkkenvask

sink

børste

brush

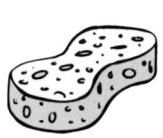

svamp

sponge

blender

blender

dybfryser

deep freezer

sutteflaske

baby bottle

vandhane

tap

badeværelse
bathroom

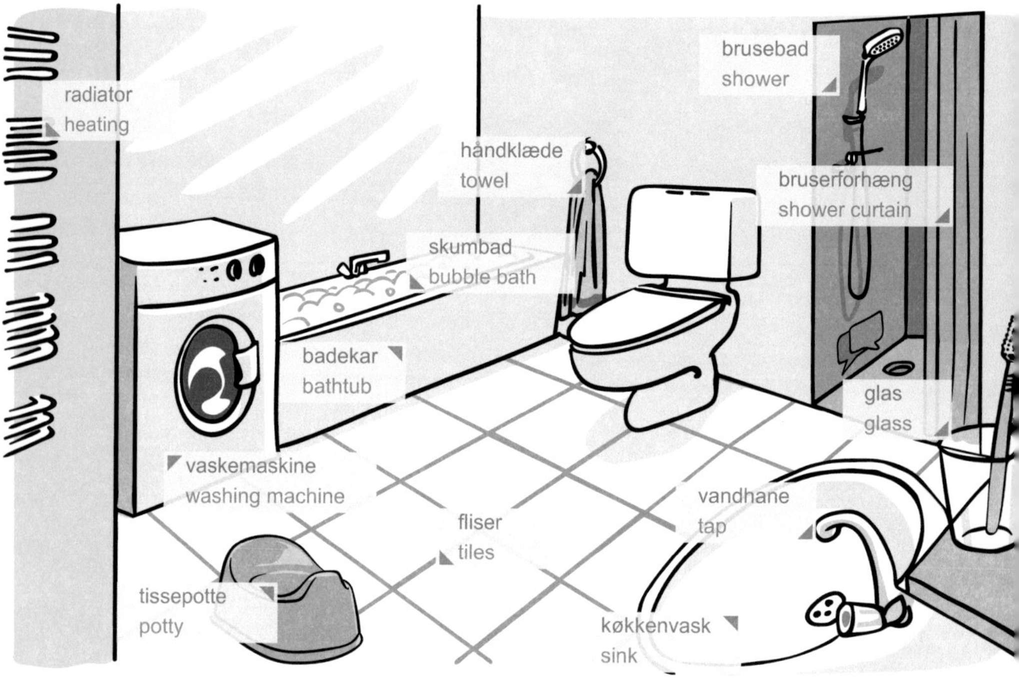

radiator
heating
håndklæde
towel
brusebad
shower
bruserforhæng
shower curtain
skumbad
bubble bath
badekar
bathtub
glas
glass
vaskemaskine
washing machine
vandhane
tap
fliser
tiles
tissepotte
potty
køkkenvask
sink

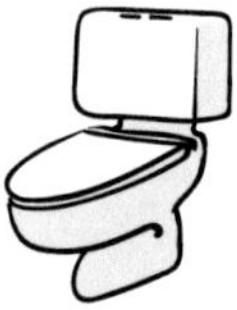

toilet

toilet

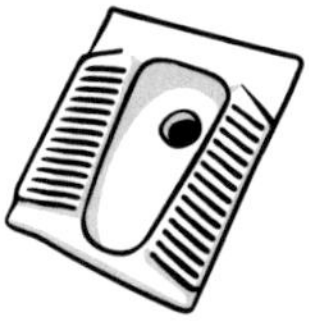

hugsiddende toilet

squat toilet

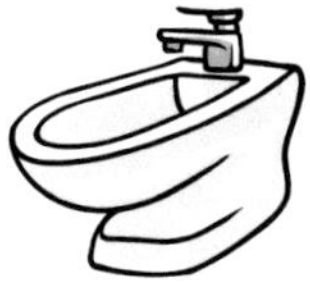

bidet

bidet

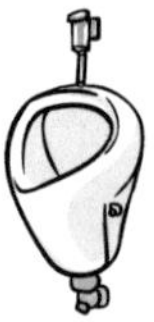

pissoir

urinal

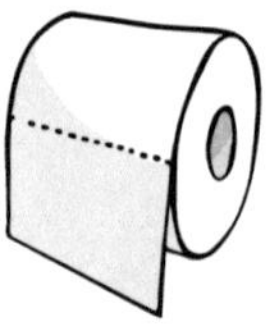

toiletpapir

toilet paper

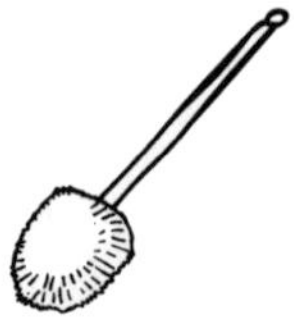

toiletbørste

toilet brush

tandbørste

toothbrush

tandpasta

toothpaste

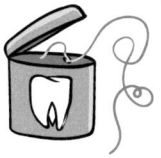

tandtråd

dental floss

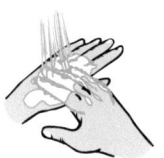

vaske

wash

håndbruser

handheld shower

intimbruser

douche

vaskefad

basin

badebørste

back brush

sæbe

soap

brusegele

shower gel

shampoo

shampoo

vaskeklud

flannel

afløb

drain

creme

cream

deodorant

deodorant

spejl

mirror

kosmetikspejl

hand mirror

barberhøvl

razor

barberskum

shaving foam

barbervand

aftershave

kam

comb

børste

brush

hårtørrer

hair dryer

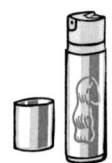

hårspray

hairspray

makeup

makeup

læbestift

lipstick

neglelak

nail varnish

vat

cotton wool

neglesaks

nail scissors

parfume

perfume

toilettaske

washbag

skammel

stool

vægt

weighing scale

badekåbe

bathrobe

gummihandsker

rubber gloves

tampon

tampon

damebind

sanitary towel

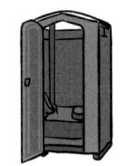

kemisk toilet

chemical toilet

børneværelse
child's room

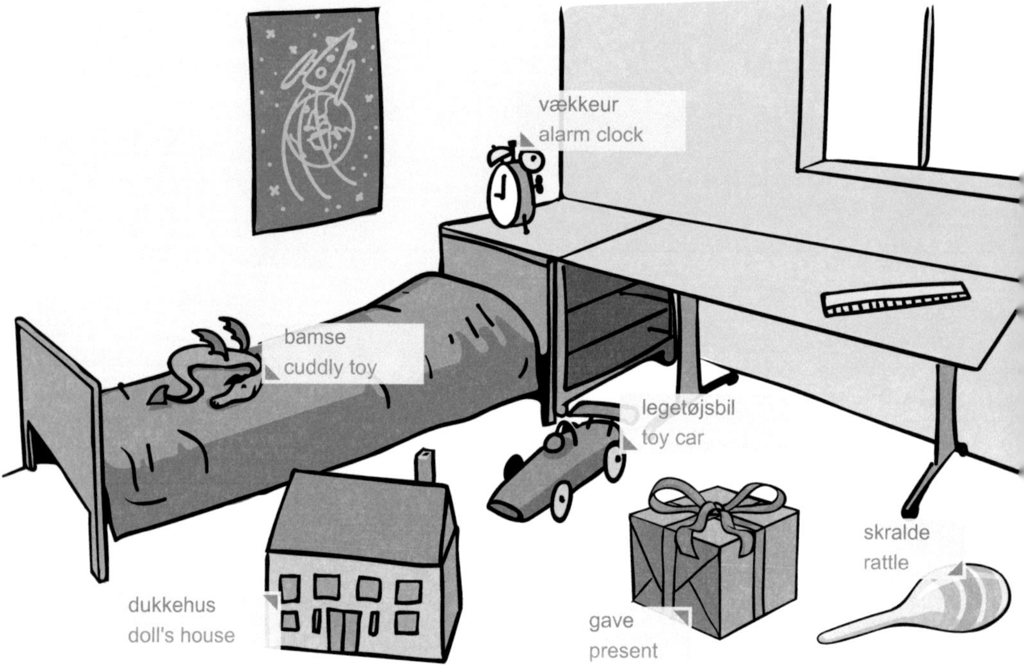

vækkeur
alarm clock
bamse
cuddly toy
legetøjsbil
toy car
skralde
rattle
dukkehus
doll's house
gave
present

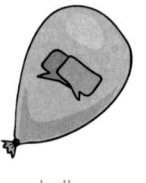

ballon

balloon

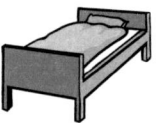

seng

bed

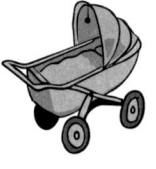

barnevogn

pram

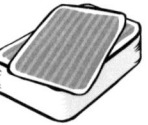

kortspil

deck of cards

puslespil

jigsaw

SUPER
MEGA

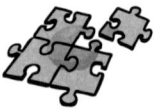

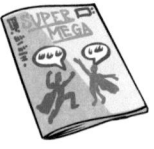

tegneserie

comic

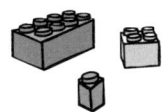

legoklodser

lego bricks

byggeklodser

building blocks

action figur

action figure

sparkedragt

babygrow

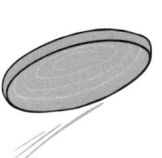

frisbee

frisbee

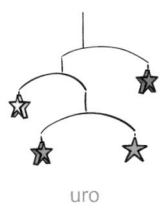

uro

mobile

brætspil

board game

terning

dice

modeljernbane

model train set

sut

dummy

fest

party

billedbog

picture book

bold

ball

dukke

doll

lege

play

sandkasse

sandpit

gynge

swing

legetøj

toys

spillekonsol

video game console

trehjulet cykel

tricycle

bamse

teddy bear

klædeskab

wardrobe

sokker

socks

strømper

stockings

strømpebukser

tights

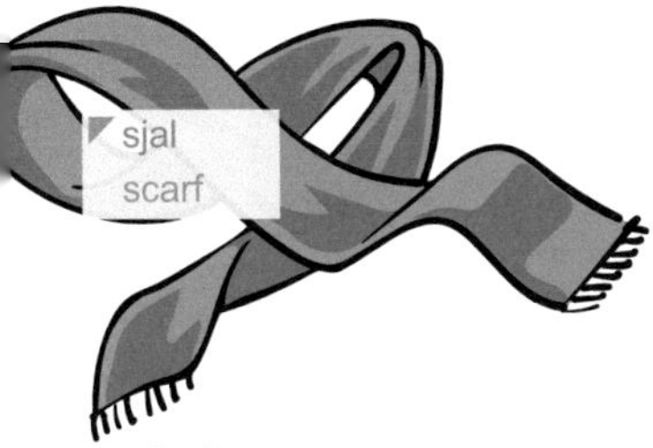

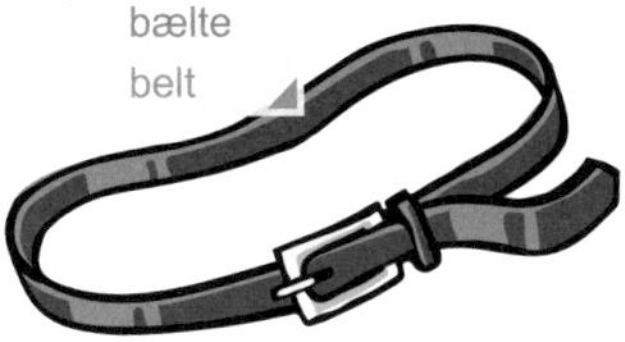

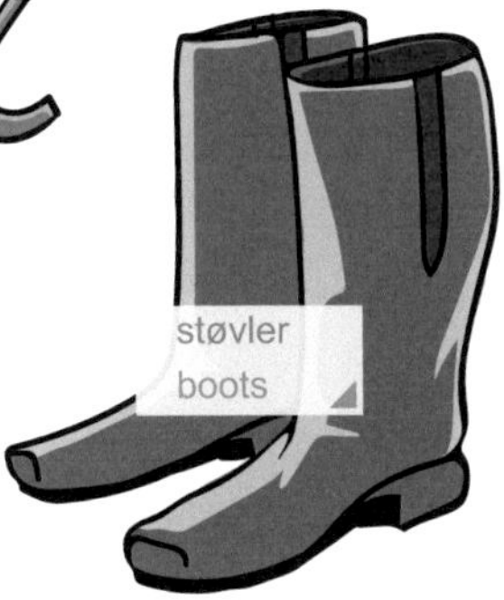

sjal
scarf

paraply
umbrella

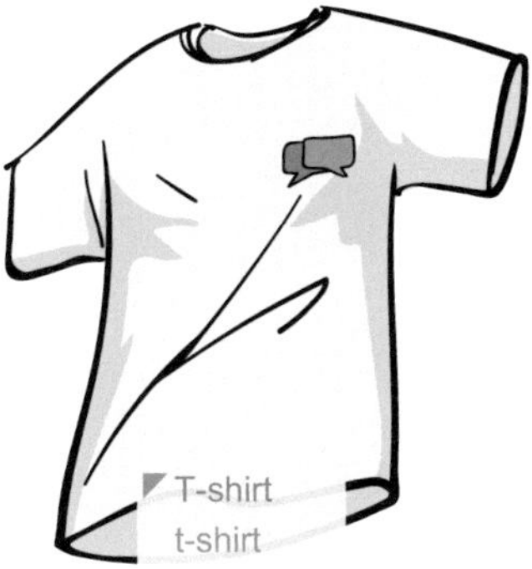

bælte
belt

T-shirt
t-shirt

sneakers
trainers

støvler
boots

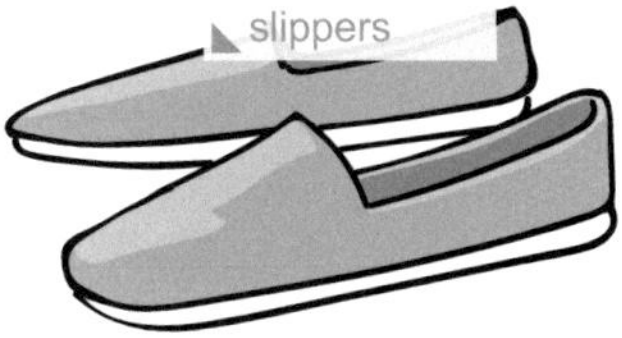

hjemmesko
slippers

sandaler
sandals

sko
shoes

gummistøvler
rubber boots

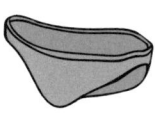

underbukser
underpants

BH
bra

undertrøje
vest

body

body

bukser

trousers

jeans

jeans

nederdel

skirt

bluse

blouse

skjorte

shirt

pullover

pullover

sweatshirt

hoodie

blazer

blazer

jakke

jacket

frakke

coat

regnfrakke

raincoat

kostume

costume

kjole

dress

brudekjole

wedding dress

jakkesæt

suit

nattrøje

nightgown

pyjamas

pyjamas

sari

sari

hovedtørklæde

headscarf

turban

turban

burka

burqa

kaftan

kaftan

abaya

abaya

badedragt

swimsuit

badebukser

trunks

korte bukser

shorts

træningsdragt

tracksuit

forklæde

apron

handsker

gloves

knap

button

briller

glasses

armbånd

bracelet

kæde

necklace

ring

ring

ørering

earring

hue

cap

bøjle

coat hanger

hat

hat

slips

tie

lynlås

zip

hjelm

helmet

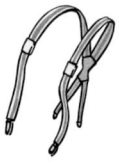

seler

braces

skoleuniform

school uniform

uniform

uniform

hagesmæk

bib

sut

dummy

ble

nappy

kontor
office

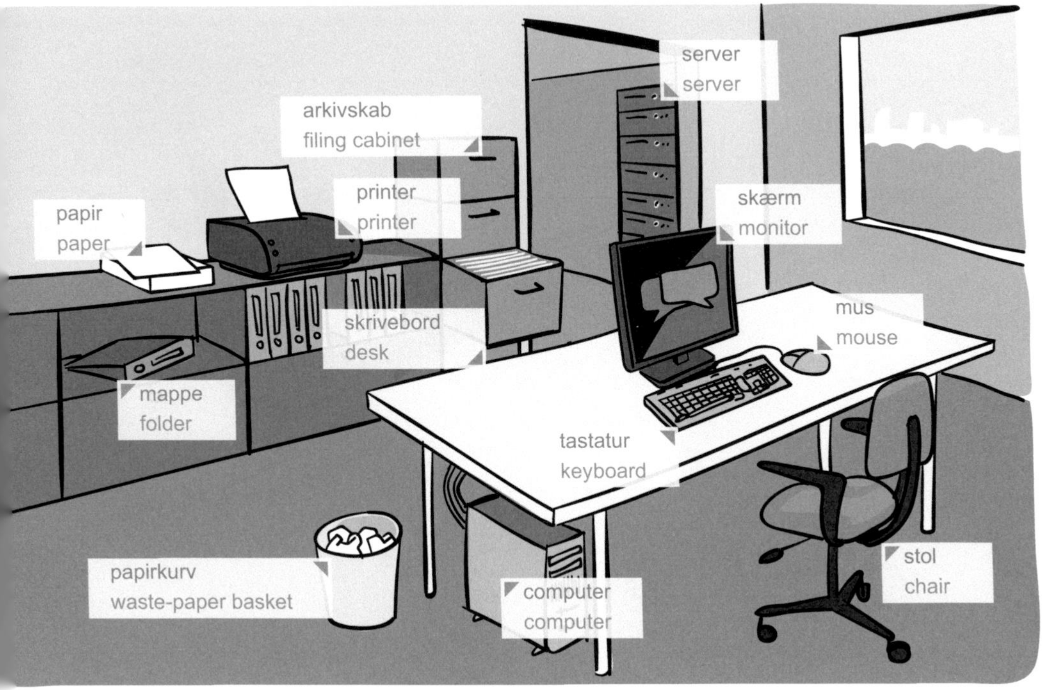

server
server

arkivskab
filing cabinet

printer
printer

papir
paper

skærm
monitor

skrivebord
desk

mus
mouse

mappe
folder

tastatur
keyboard

papirkurv
waste-paper basket

computer
computer

stol
chair

kaffekrus

coffee mug

lommeregner

calculator

internet

internet

bærbar

laptop

brev

letter

besked

message

mobil

mobile

netværk

network

kopimaskine

photocopier

software

software

telefon

telephone

stikdåse

plug socket

fax

fax machine

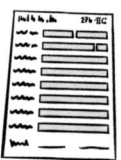

formular

form

dokument

document

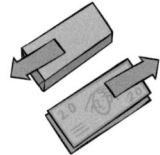

købe

buy

betale

pay

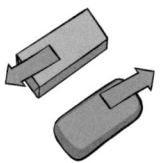

handle

trade

penge

money

dollar

dollar

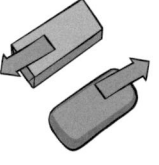  

euro

euro

yen

yen

rubel

rouble

schweizerfranc

Swiss franc

renminbi yuan

renminbi yuan

rupee

rupee

hæveautomat

cashpoint

vekselkontor

bureau de change

guld

gold

sølv

silver

olie

oil

energi

energy

pris

price

kontrakt

contract

skat

tax

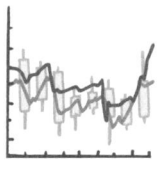

aktie

stock

arbejde

work

ansat

employee

arbejdsgiver

employer

fabrik

factory

butik

shop

erhverv
occupations

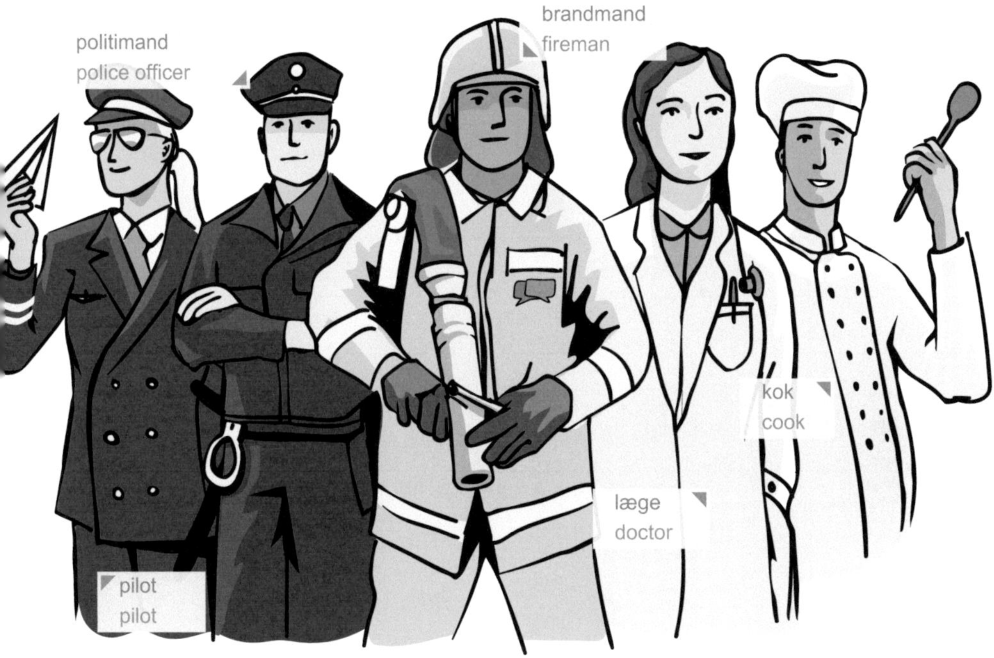
politimand
police officer
brandmand
fireman
kok
cook
læge
doctor
pilot
pilot

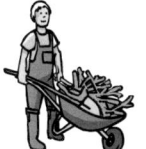

gartner

gardener

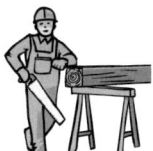

tømrer

carpenter

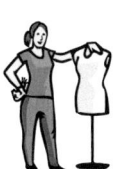

syerske

seamstress

dommer

judge

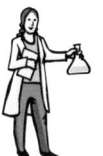

kemiker

chemist

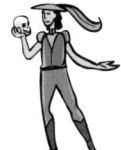

skuespiller

actor

buschauffør

bus driver

taxachauffør

taxi driver

fisker

fisherman

rengøringskone

cleaning lady

tagdækker

roofer

tjener

waiter

jæger

hunter

maler

painter

bager

baker

elektriker

electrician

bygningsarbejder

builder

ingeniør

engineer

slagter

butcher

vvs-mand

plumber

postbud

postman

soldat

soldier

arkitekt

architect

kasserer

cashier

blomsterhandler

florist

frisør

hairdresser

togfører

conductor

mekaniker

mechanic

kaptajn

captain

tandlæge

dentist

videnskabsmand

scientist

rabbiner

rabbi

imam

imam

munk

monk

præst

clergyman

værktøj
tools

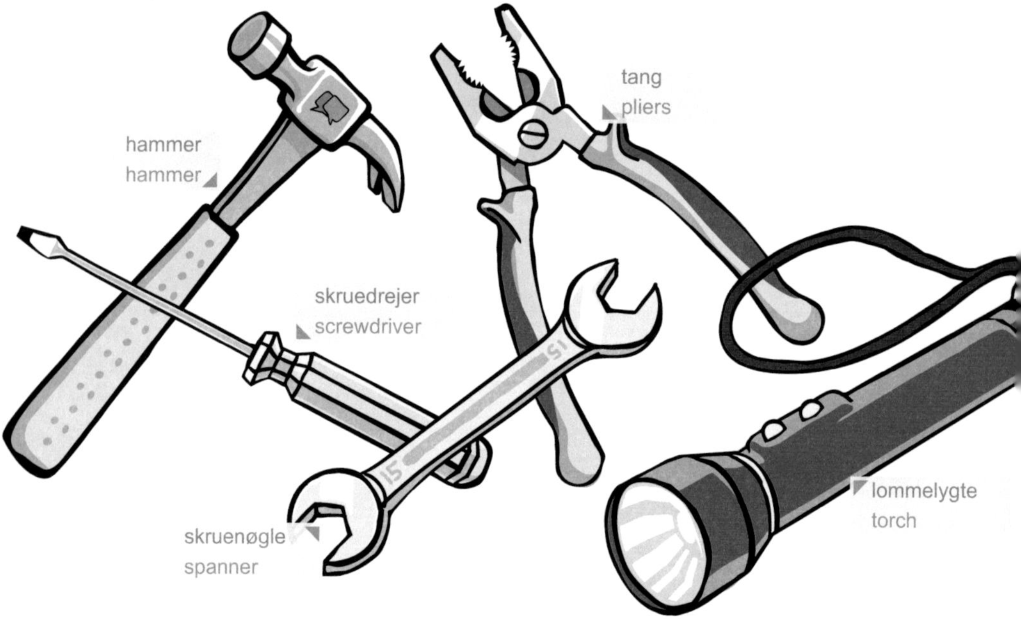
hammer
hammer
tang
pliers
skruedrejer
screwdriver
skruenøgle
spanner
lommelygte
torch

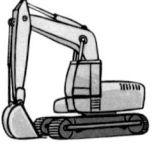

gravemaskine

digger

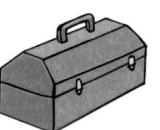

værktøjskasse

toolbox

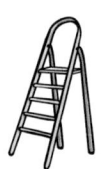

stige

ladder

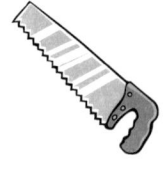

sav

saw

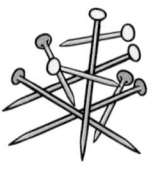

søm

nails

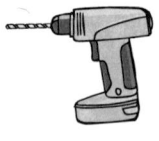

bor

drill

reparere

repair

skovl

shovel

Lort!

Damn!

fejebakke

dustpan

malerspand

paint pot

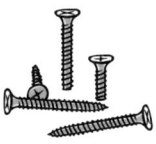

skruer

screws

musikinstrumenter
musical instruments

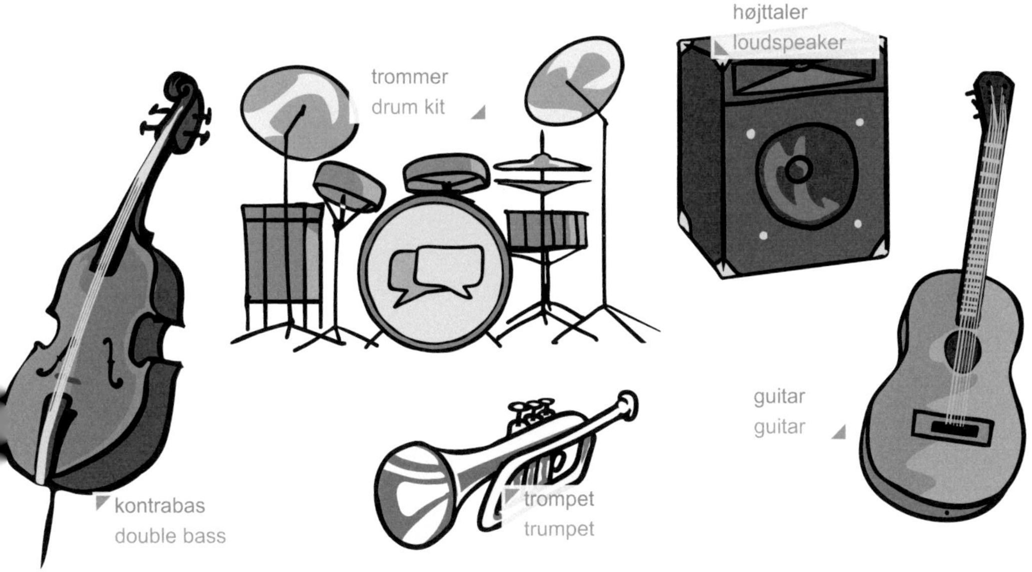

trommer
drum kit

højttaler
loudspeaker

guitar
guitar

kontrabas
double bass

trompet
trumpet

klaver

piano

violin

violin

bas

bass

pauke

timpani

tromme

drums

keyboard

keyboard

saxofon

saxophone

fløjte

flute

mikrofon

microphone

ZOO

ZOO

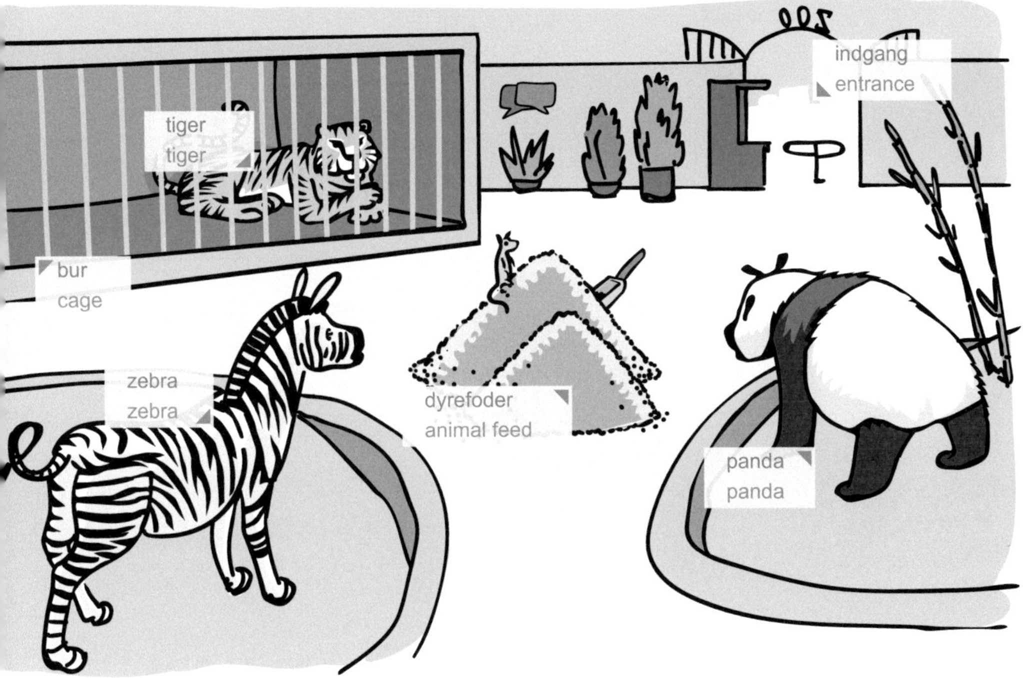
indgang
entrance
tiger
tiger
bur
cage
zebra
zebra
dyrefoder
animal feed
panda
panda

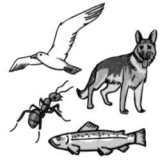

dyr

animals

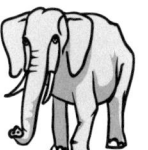

elefant

elephant

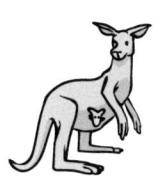

kænguru

kangaroo

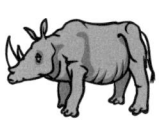

næsehorn

rhino

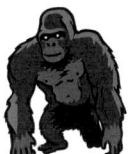

gorilla

gorilla

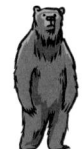

bjørn

bear

kamel

camel

struds

ostrich

løve

lion

abe

monkey

flamingo

flamingo

papegøje

parrot

isbjørn

polar bear

pingvin

penguin

haj

shark

påfugl

peacock

slange

snake

krokodille

crocodile

dyrepasser

zookeeper

sæl

seal

jaguar

jaguar

zoo - zoo

pony
pony

leopard
leopard

flodhest
hippo

giraf
giraffe

ørn
eagle

vildsvin
boar

fisk
fish

skildpadde
turtle

hvalros
walrus

ræv
fox

gazelle
gazelle

amerikansk football
American football

cykling
cycling

tennis
tennis

basketball
basketball

svømning
swimming

boksning
boxing

ishockey
ice hockey

fodbold
football

badminton
badminton

atletik
athletics

håndbold
handball

skiløb
skiing

polo
polo

springe
jump

grine
laugh

give et knus
hug

gå
walk

synge
sing

drømme
dream

bede
pray

kysse
kiss

skrive
write

tegne
draw

vise
show

skubbe
push

give
give

tage
take

have
have

gøre
do

være
be

stå
stand

løbe
run

trække
pull

kaste
throw

falde
fall

ligge
lie

vente
wait

bære
carry

sidde
sit

tage på
get dressed

sove
sleep

vågne
wake up

se på

look at

græde

cry

ae

stroke

kæmme

comb

tale

talk

forstå

understand

spørge

ask

høre

listen

drikke

drink

spise

eat

rydde op

tidy up

elske

love

koge

cook

køre

drive

flyve

fly

aktiviteter - activities

sejle

sail

regne

calculate

læse

read

lære

learn

arbejde

work

gifte sig med

marry

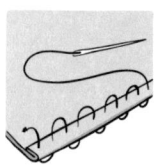

sy

sew

børste tænder

brush teeth

dræbe

kill

ryge

smoke

sende

send

familie

family

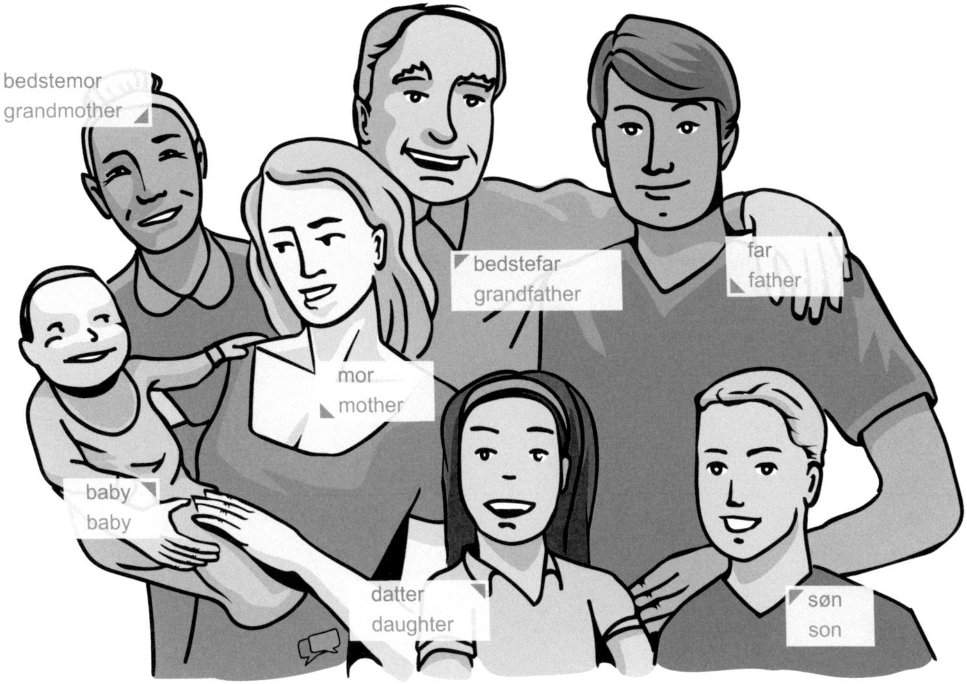

bedstemor
grandmother
bedstefar
grandfather
far
father
mor
mother
baby
baby
datter
daughter
søn
son

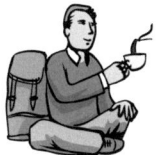

gæst

guest

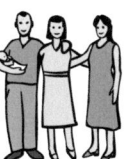

tante

aunt

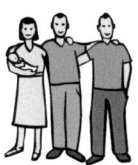

onkel

uncle

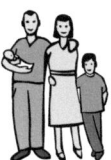

bror

brother

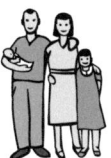

søster

sister

krop
body

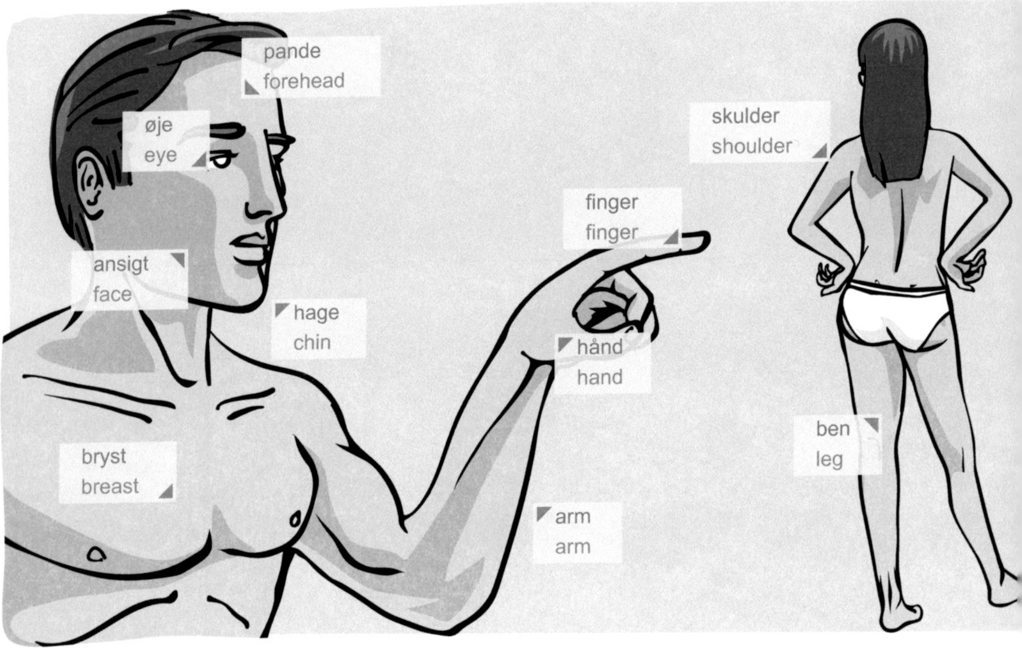

pande
forehead

øje
eye

skulder
shoulder

finger
finger

ansigt
face

hage
chin

hånd
hand

bryst
breast

ben
leg

arm
arm

baby
baby

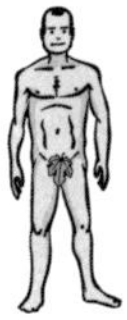

mand
man

kvinde
woman

pige
girl

dreng
boy

hoved
head

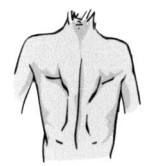

ryg

back

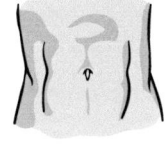

mave

belly

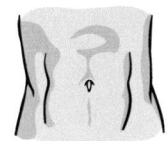

navle

belly button

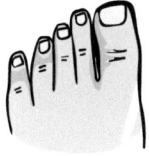

tå

toe

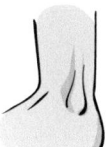

hæl

heel

knogle

bone

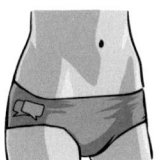

hofte

hip

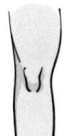

knæ

knee

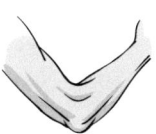

albue

elbow

næse

nose

bagdel

bottom

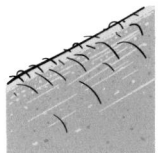

hud

skin

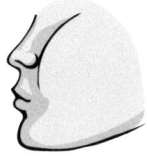

kind

cheek

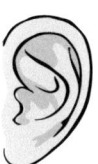

øre

ear

læbe

lip

krop - body

mund

mouth

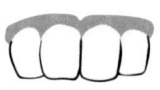

tand

tooth

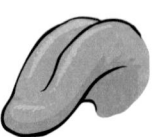

tunge

tongue

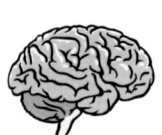

hjerne

brain

hjerte

heart

muskel

muscle

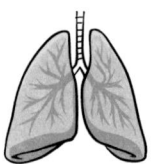

lunge

lung

lever

liver

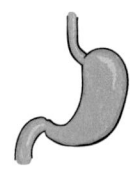

mavesæk

stomach

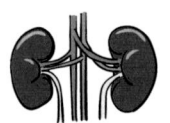

nyrer

kidneys

sex

sex

kondom

condom

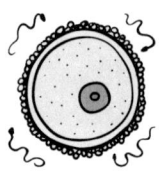

ægcelle

ovum

sperm

semen

svangerskab

pregnancy

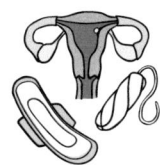

menstruation

menstruation

vagina

vagina

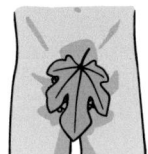

penis

penis

øjenbryn

eyebrow

hår

hair

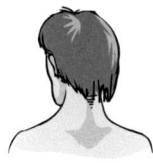

hals

neck

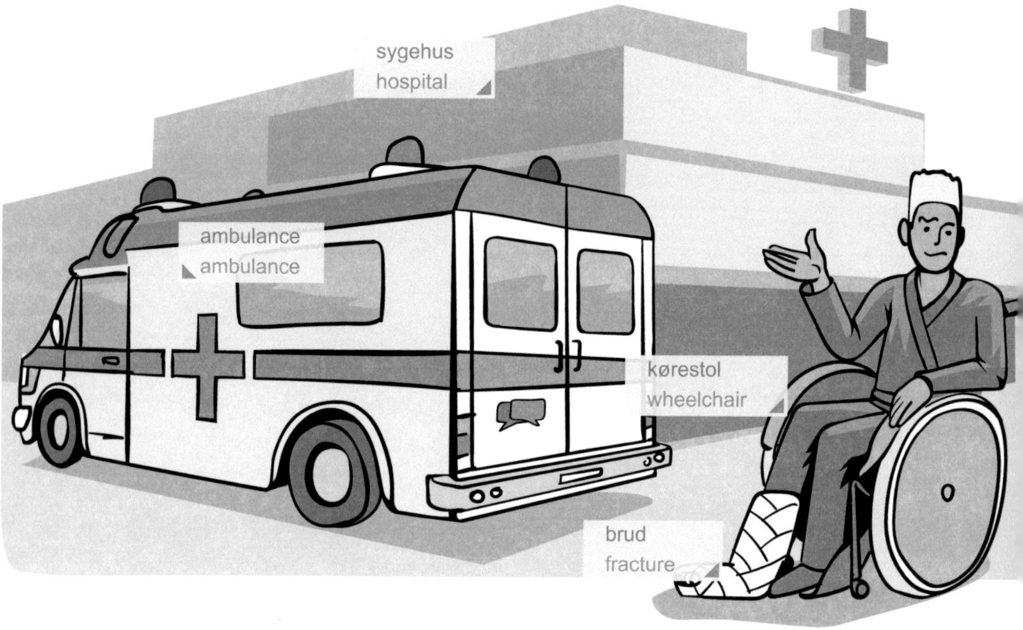

sygehus
hospital

ambulance
ambulance

kørestol
wheelchair

brud
fracture

læge

doctor

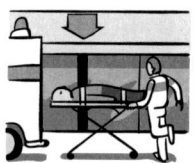

akutmodtagelse

emergency room

sygeplejerske

nurse

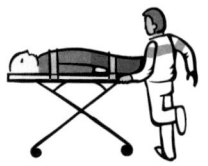

nødstilfælde

emergency

bevidstløs

unconscious

smerte

pain

skade

injury

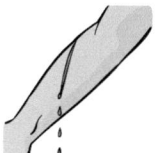

blødning

bleeding

hjerteinfarkt

heart attack

slagtilfælde

stroke

allergi

allergy

hoste

cough

feber

fever

influenza

flu

diarré

diarrhoea

hovedpine

headache

kræft

cancer

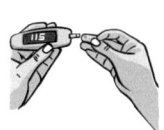

diabetes

diabetes

kirurg

surgeon

skalpel

scalpel

operation

operation

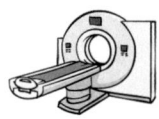

CT

CT

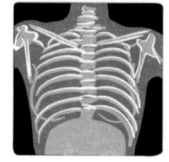

røntgen

x-ray

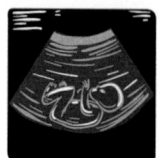

ultralyd

ultrasound

maske

face mask

sygdom

disease

venteværelse

waiting room

krykke

crutch

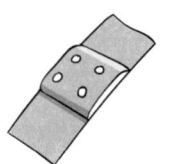

plaster

plaster

forbinding

bandage

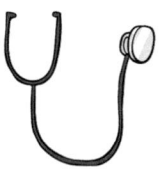

injektion

injection

stetoskop

stethoscope

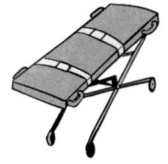

båre

stretcher

termometer

clinical thermometer

fødsel

birth

overvægt

overweight

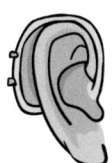

høreapparat

hearing aid

desinficerende middel

disinfectant

infektion

infection

virus

virus

HIV / AIDS

HIV / AIDS

medicin

medicine

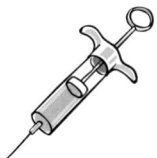

vaccination

vaccination

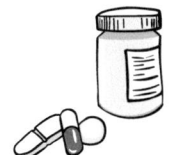

tabletter

tablets

pille

pill

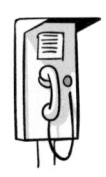

nødopkald

emergency call

blodtryksmåler

blood pressure monitor

syg / rask

ill / healthy

Hjælp!
Help!

alarm
alarm

overfald
assault

angreb
attack

fare
danger

nødudgang
emergency exit

Det brænder!
Fire!

ildslukker
fire extinguisher

uheld
accident

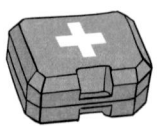

førstehjælps-kuffert
first-aid kit

SOS
SOS

politi
police

Europa

Europe

Nordamerika

North America

Sydamerika

South America

Afrika

Africa

Asien

Asia

Australien

Australia

Atlanterhavet

Atlantic

Stillehavet

Pacific

Indiske Ocean

Indian Ocean

Sydlige Ishav

Antarctic Ocean

Ishav

Arctic Ocean

Nordpol

North Pole

Sydpol

South Pole

Antarktis

Antarctica

Jorden

Earth

land

land

hav

sea

ø

island

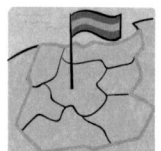

nation

nation

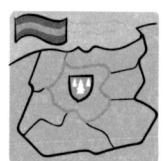

stat

state

urskive

clock face

timeviser

hour hand

minutviser

minute hand

sekundviser

second hand

Hvad er klokken?

What time is it?

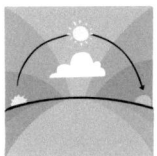

dag

day

tid

time

nu

now

digitalur

digital watch

minut

minute

time

hour

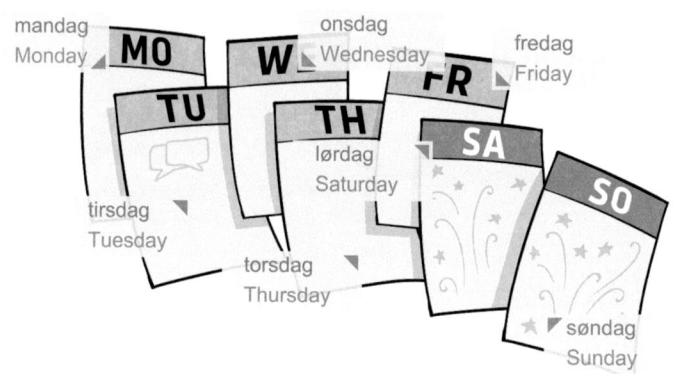

mandag — Monday
tirsdag — Tuesday
onsdag — Wednesday
torsdag — Thursday
fredag — Friday
lørdag — Saturday
søndag — Sunday

i går

yesterday

i dag

today

i morgen

tomorrow

morgen

morning

middag

noon

aften

evening

arbejdsdage

business days

weekend

weekend

regn
rain

regnbue
rainbow

vind
wind

sne
snow

forår
spring

efterår
autumn

sommer
summer

vinter
winter

4.APRIL	11°	☀
5.APRIL	4°	☁
6.APRIL	13°	☔
7.APRIL	8°	☀
8.APRIL	10°	☀

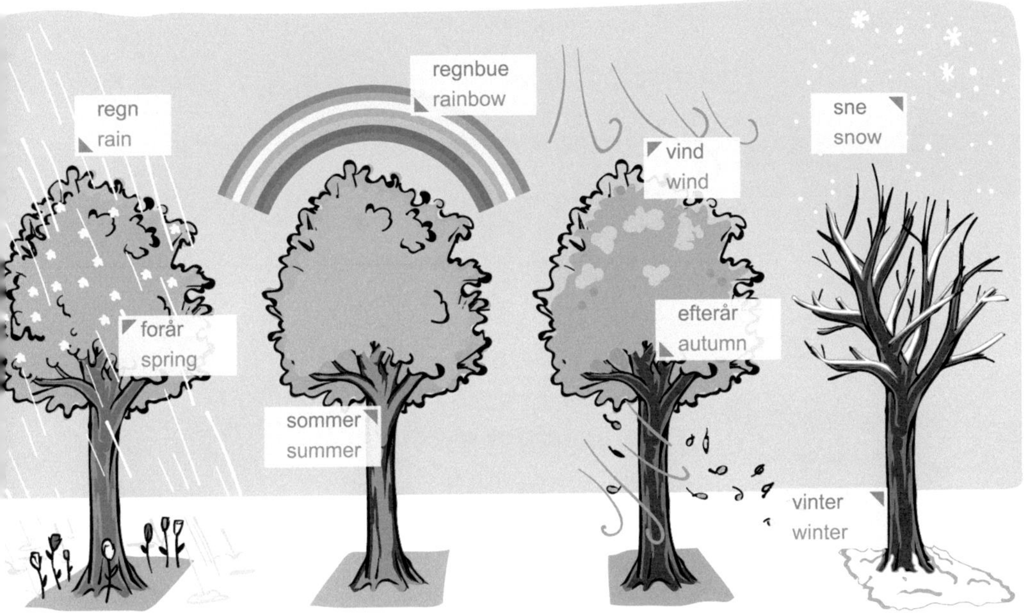

vejrudsigt
weather forecast

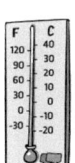

termometer
thermometer

solskin
sunshine

sky
cloud

tåge
fog

luftfugtighed
humidity

lyn

lightning

torden

thunder

storm

storm

hagl

hail

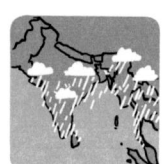

monsun

monsoon

flod

flood

is

ice

januar

January

februar

February

marts

March

april

April

maj

May

juni

June

juli

July

august

August

september
September

oktober
October

november
November

december
December

former
shapes

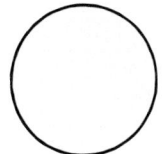

cirkel
circle

kvadrat
square

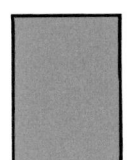

firkant
rectangle

trekant
triangle

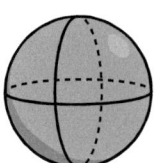

kugle
sphere

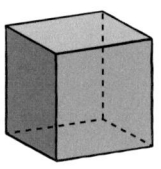

terning
cube

farver
colours

hvid

white

gul

yellow

orange

orange

pink

pink

rød

red

lilla

purple

blå

blue

grøn

green

brun

brown

grå

grey

sort

black

meget / lidt

a lot / a little

rasende / fredelig

angry / calm

smuk / grim

beautiful / ugly

begyndelse / slut

beginning / end

stor / lille

big / small

lys / mørk

bright / dark

bror / søster

brother / sister

ren / snavset

clean / dirty

fuldkommen / ufuldkommen

complete / incomplete

dag / nat

day / night

død / levende

dead / alive

bred / smal

wide / narrow

spiselig / uspiselig

edible / inedible

vred / venlig

evil / kind

ophidset / kedet

excited / bored

tyk / tynd

fat / thin

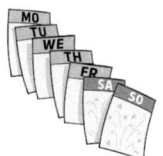

først / sidst

first / last

ven / fjende

friend / enemy

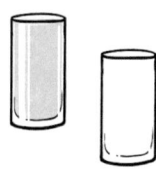

fuld / tom

full / empty

hård / blød

hard / soft

tung / let

heavy / light

sult / tørst

hunger / thirst

syg / rask

ill / healthy

illegal / legal

illegal / legal

intelligent / dum

intelligent / stupid

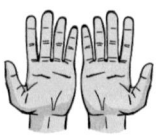

venstre / højre

left / right

nær / fjern

near / far

modsætninger - opposites

ny / brugt

new / used

intet / noget

nothing / something

gammel / ung

old / young

tændt / slukket

on / off

åben / lukket

open / closed

stille / højt

quiet / loud

rig / fattig

rich / poor

rigtig / forkert

right / wrong

ru / glat

rough / smooth

ked af det / lykkelig

sad / happy

kort / lang

short / long

langsom / hurtig

slow / fast

våd / tør

wet / dry

varm / kold

warm / cool

krig / fred

war / peace

0

nul

zero

1

en

one

2

to

two

3

tre

three

4

fire

four

5

fem

five

6

seks

six

7

syv

seven

8

otte

eight

9

ni

nine

10

ti

ten

11

elleve

eleven

12

tolv
twelve

13

tretten
thirteen

14

fjorten
fourteen

15

femten
fifteen

16

seksten
sixteen

17

sytten
seventeen

18

atten
eighteen

19

nitten
nineteen

20

tyve
twenty

100

hundrede
hundred

1.000

tusinde
thousand

1.000.000

million
million

engelsk

English

amerikansk engelsk

American English

kinesisk mandarin

Chinese Mandarin

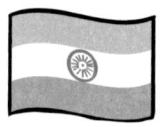

hindi

Hindi

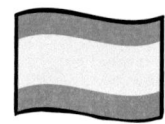

spansk

Spanish

fransk

French

arabisk

Arabic

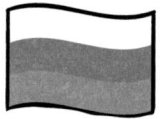

russisk

Russian

portugisisk

Portuguese

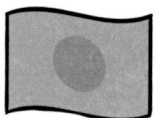

bengalsk

Bengali

tysk

German

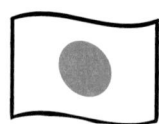

japansk

Japanese

jeg

I

du

you

han / hun / den / det

he / she / it

vi

we

I

you

de

they

hvem?

who?

hvad?

what?

hvordan?

how?

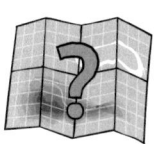

hvor?

where?

hvornår?

when?

navn

name

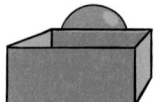

bag

behind

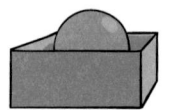

i

in

foran

in front of

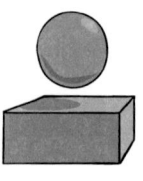

over

over

på

on

under

under

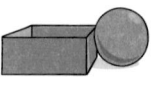

ved siden af

beside

imellem

between

sted

place